Librairie du Parti Socialiste (S. F. I. O.)

PAUL LAFARGUE

LE PATRIOTISME

DE

LA BOURGEOISIE

Prix : 5 centimes

AU SIEGE DU CONSEIL NATIONAL
37, Rue Sainte-Croix-de-la-Bretonnerie
PARIS (4e ARRONDISSEMENT)

Le Patriotisme de la Bourgeoisie

Les socialistes sont, par ma foi, trop bons garçons; parce qu'ils sont internationalistes, ils laissent les bourgeois les accuser de faire le jeu de l'ennemi et leur permettent de plastronner en patriotes à tous crins, décidés à démolir les ennemis de la Patrie et à travailler à sa gloire et à sa grandeur. Cette conduite ne leur aguère réussi; plus ils fournissent d'explication sur leurs sentiments nationaux et internationaux, plus ils se montrent conciliants et font des concessions sur la question patriotique, et plus les bourgeois redoublent et enveniment leurs attaques et plus ils se posent en champions sans peur et sans reproche de la Patrie. Ils se proposent, aux prochaines élections de 1914, de jouer ferme de la corde patriotique, mais pour leur rentrer dans la gorge ces airs de bravoure, les socialistes n'ont qu'à abandonner leur humble attitude, qu'à passer de la défensive à l'offensive, à arracher les masques, à exposer la valeur du patriotisme de la Bourgeoisie.

I

Le patriotisme bourgeois en 1870-1871

Jamais, dans l'histoire moderne, la Bourgeoisie n'a eu occasion plus rare de prouver son patriotisme que pendant la guerre de 1870-1871.

La République était proclamée; les républicains bourgeois de l'Empire étaient installés à l'Hôtel de Ville; Strasbourg, Metz et Paris étaient assiégés: repousser l'envahisseur, c'était sauver la patrie et glorieusement consacrer la République. Les républicains donnèrent fièrement à leur pouvoir le titre de Gouvernement de la Défense nationale et annoncèrent qu'ils ne céderaient *ni un pouce du territoire, ni une pierre des forteresses.*

Les ouvriers parisiens, heureux d'être délivrés de

l'Empire, qui avait fusillé les grévistes à la Ricamarie et
à Saint-Aubin, et croyant que la République ouvrirait
l'ère des réformes sociales, se levèrent en masse pour la
défendre : transportés d'enthousiasme, ils demandaient à
foncer sur l'ennemi, à traverser les lignes d'investisse-
ment pour se joindre aux armées de province et pour
assiéger les assiégeants. L'élan ouvrier était si impé-
tueux et si entraînant, que les bourgeois eux-mêmes
furent gagnés par la fièvre guerrière; ils s'enrôlèrent
dans la garde nationale et voulurent marcher contre les
Prussiens.

Mais au premier boulet lancé sur Paris, l'ardeur patriotique de la Bourgeoisie tomba à plat. Bismarck allait
éventrer ses immeubles ! Il y eut un cri d'épouvante et
d'horreur. Que la Patrie soit vaincue, que la République
soit renversée, qu'importe, mais que nos maisons ne
soient pas écornées ! Tel était le cri du cœur de la Bourgeoisie patriotique : dès cet instant, le Gouvernement
de la Défense Nationale se transforma en Gouvernement de la Trahison Nationale. Tridon, dans un article
indigné, que publia la *Patrie en Danger*, le journal de
Blanqui, dénonça ce *patriotisme de la brique*.

Le gouvernement ne songea plus qu'à affamer la population parisienne pour l'obliger à réclamer la capitula-
tion et qu'à faire saigner la belliqueuse classe ouvrière
par des sorties mal calculées et mal soutenues, qui dé-
butaient par des succès et se terminaient par des re-
traites, pour abattre son ardeur combative. Le général
Ducrot passa maître dans cette tactique : il annonçait
à la sortie qu'il ne *rentrerait que vainqueur ou mort*,
et il rentrait vaincu et vivant pour chassepoter les ouvriers que les balles prussiennes avaient épargnés. Ce
héros du patriotisme fut récompensé de sa bourgeoise
et courageuse conduite par le surnom de *Trompe-la-
Mort*.

Deux fois, les 31 octobre et 19 janvier, les ouvriers

et les socialistes essayèrent de chasser de l'Hôtel de Ville le gouvernement de la Trahison, deux fois ils furent repoussés par les troupes, que précieusement il tenait loin des champs de bataille pour mater la population parisienne. L'ennemi n'était plus le Prussien, mais le prolétariat. Il s'empressa de négocier avec Bismarck

Le gouvernement de Paris, assiégé, sans communications avec le pays, ignorant la situation belligérante des armées de province, ou très imparfaitement renseigné, sans daigner consulter le gouvernement de Bordeaux, signa l'amnistie dont le premier résultat fut l'écrasement de l'armée de l'Est et arrêta les conditions de paix : deux provinces et cinq milliards.

C'était la première fois que le gouvernement d'une place assiégée traitait pour des armées et des villes hors de sa sphère d'action. Les Favre, les Simon et les Ferry auraient dû être fusillés pour ce crime. Ranc et Gambetta (1) étaient si exaspérés, si indignés qu'ils voulurent arrêter Jules Simon, qui venait leur ordonner de mettre bas les armes. Mais Bismarck veillait, il sauva Jules Simon et il cassa le décret du gouvernement de Bordeaux, qui déclarait inéligibles les députés bonapartistes ayant voté la déclaration de la guerre.

L'Assemblée de Bordeaux, élue sous la protection de Bismarck, cette *honte de la France,* comme l'appela Crémieux qui paya de sa vie cette flétrissure, où monarchistes et républicains bourgeois fraternisaient pour huer Garibaldi, parce qu'il était, avec Faidherbe, le seul général qui eut battu les Prussiens, vota d'enthousiasme et sans discussion, les déshonorantes conditions de la paix. Son empressement à ratifier toutes les conditions de paix étonna Bismarck, qui regretta de ne pas avoir demandé dix milliards, comme l'y avait engagé Bleich-

---

(1) Je mets intentionnellement le nom de Ranc avant celui de Gambetta parce que c'est lui qui fut l'âme de la résistance et l'organisateur de la défense dans les départements. L'Histoire reconnaîtra son rôle.

rœder, son conseiller financier, que Thiers devait décorer de la croix de commandeur de la Légion d'honneur.

Les patriotes de l'Assemblée acclamèrent le dictateur Thiers, qui prit pour ministres les républicains bourgeois du Gouvernement de la Trahison nationale et chassèrent Gambetta. Thiers l'appelait alors le *fou furieux,* parce que, instruit de l'épuisement des forces de l'Allemagne, il avait voulu prolonger la résistance : ce n'est que des années après, quand les deux provinces étaient livrées, les cinq milliards payés et la paix assurée que la Bourgeoisie patriotique, reprenant courage, osa le proclamer le héros de la défense.

L'Assemblée, honte de la France, se transporta de Bordeaux à Paris et Thiers, son digne président, entreprit de désarmer et de dompter les ouvriers et les socialistes parisiens, frémissants de colère, parce que le Gouvernement de la Trahison Nationale avait affamé Paris, alors que tous les jours et de tous les côtés on découvrait des amas de provisions et parce qu'il avait versé inutilement leur sang pour capituler à l'aise.

Les patriotes bourgeois pleurent aujourd'hui des larmes de crocodile sur la cession de l'Alsace-Lorraine ; mais en 1871 ils ne se lamentaient ni sur les cinq milliards, ni sur l'Alsace-Lorraine, ils ne geignaient que sur les pendules que les Prussiens avaient prises dans leurs maisons : pendant des années les journaux retentirent des gémissements des bourgeois sur les pendules volées.

Les patriotes de la brique ne regrettaient que leurs pendules .!

II

Patriotisme bourgeois et tant pour cent

Les patriotes bourgeois réalisent des bénéfices avec les malheurs de la patrie.

La guerre de 1870-71 qui a immolé des milliers de
soldats, qui a dévasté un tiers de la France, qui lui a
arraché deux provinces et qui lui a coûté une dizaine
de milliards de dépenses et cinq milliards d'indemnité
ne fit pas perdre un centime de leurs revenus aux ren-
tiers de la Dette publique. Le gouvernement de la
Trahison nationale paya régulièrement aux patriotes
bourgeois les intérêts de la Dette publique, tandis qu'il
ruinait les petites gens en suspendant la restitution des
dépôts de la Caisse d'Epargne. Mais la guerre procura
aux patriotes capitalistes de superbes occasions de s'enrichir.

La cession de l'Alsace-Lorraine que, tremblants de
joie, signèrent Thiers, le gros actionnaire des mines
d'Anzin, et Pouyer-Quertier, le grand cotonnier de
Rouen, débarrassa les compagnies minières d'Anzin et
du Pas-de-Calais de la concurrence des mines du Haut-
Rhin et les fabricants de cotonnades de la Seine-Infé-
rieure et du Nord de la concurrence des filatures et des
tissages de l'Alsace. Les énormes fortunes de ces ré-
gions industrielles, qui se chiffrent par dizaines de millions, datent de cette néfaste époque. Les patriotes de
l'Alsace profitèrent de sa cession pour s'enrichir. Kœchlin, Dolfus et les autres grands industriels, afin d'avoir
deux marchés nationaux pour leurs produits, conservè-
rent leurs fabriques d'Alsace et allèrent en établir d'autres à Belfort, à Troyes, etc..., et afin de se procurer
des ouvriers, ils chauffèrent à blanc le patriotisme de
travailleurs alsaciens et lorrains, et les excitèrent à
émigrer en France, pour ne pas subir le joug prussien,
auquel ils s'accommodaient joyeusement. Les pauvres
dupes émigrèrent en masse; ceux qui possédaient de
petits lopins de terre les vendirent à vil prix; Kœchlin,
Dolfus et autres grands patriotes les achetaient. Kœchlin
qui, pour enflammer le patriotisme des travailleurs, avait
dit à Guillaume I⁰ʳ, qu'il n'y avait pas place à sa bou-

tonnière pour une décoration allemande, s'empressa d'accepter celle que lui offrit Guillaume II, dès que fut terminé l'accaparement des terres. On dit que le père du patriotard Barrès et que Déroulède profitèrent de l'occasion pour agrandir les biens territoriaux qu'ils possédaient en Alsace-Lorraine.

La Banque de France réalisa d'énormes bénéfices : son dividende qui, en 1868, était de 90 francs par action, s'éleva à 270 francs en 1871, à 320 francs en 1872, et à 360 francs en 1873: à aucune époque elle ne distribua de si considérables dividendes. C'étaient les transactions financières pour le paiement de l'indemnité de guerre de 5 milliards qui lui rapportaient ces bénéfices aussi inaccoutumés que réjouissants.

Les patriotes bourgeois qui avaient des capitaux à placer, surent, eux aussi, extraire de l'or des infortunes de la patrie. L'emprunt des 5 milliards d'indemnité donna lieu aux plus fiévreuses et plus profitables spéculations de Bourse.

Jamais il n'y eut emprunt plus scandaleux : Thiers fixa le prix de son émission au-dessous de celui que le plus juif des banquiers chrétiens fixe pour l'emprunt d'un Etat dont les finances et la situation économique seraient compromises. Il émit l'emprunt à 80 francs et à 5 pour cent, ce qui mettait le taux de l'intérêt à 6 pour cent. L'Etat recevait 80 francs et s'engageait à rendre 100 francs et à payer 5 francs d'intérêt par an : l'Etat perdait donc 20 francs par titre et 125 millions pour les cinq milliards.

Tous les capitalistes, Thiers, Simon, Ferry et autres grands patriotes en tête, se ruèrent sur l'emprunt, qui fut couvert huit fois; on demandait cinq milliards, on en offrit quarante, tellement l'opération était fructueuse. Les titres de l'emprunt firent prime le jour même de l'émission; ils montèrent à la Bourse de 80 à 112 et 115 francs. De sorte que tout patriote qui avait souscrit

8o francs gagnait 32 et 35 francs. La masse des souscripteurs réalisa en quelques jours un bénéfice de 218 millions.

La victoire ne rapporta pas aux patriotes allemands un aussi plantureux bénéfice que la défaite aux patriotes français.

Thiers, qui avait sauvé leurs biens aux députés bonapartistes (1) ; qui, alors que le Trésor était épuisé, fit voter quarante millions aux princes d'Orléans, que ces bons patriotes empochèrent sans dire merci, et qui avait monté le coup de l'emprunt des cinq milliards fut proclamé le *Père et le Sauveur de la Patrie* parce qu'il avait rempli les poches des patriotes avec l'argent de la patrie.

La guerre de 1870-71 est, sans nul doute, une page inoubliable de l'histoire patriotique de la Bourgeoisie ; cependant les patriotes ont encore à leur actif d'autres tours de coquins, qui, pour n'être pas aussi éclatants, n'ont pas été moins désastreux pour la patrie.

Le tant pour cent est la patrie du capital : là où il y a un demi du cent à gagner, les capitalistes se précipitent, comme des vautours sur la charogne. Depuis la guerre de 1870-71, ils exportent continuellement en pays étrangers les capitaux créés en France pour obtenir des tant pour cent supérieurs. Ces capitaux ont servi à développer la production du blé en Hongrie et aux Etats-Unis, et celle du vin en Italie et en Espagne et à outiller industriellement l'Autriche, l'Italie, le Luxembourg, les Etats-Unis ; les produits agricoles et industriels de ces pays font concurrence à ceux de la France sur le marché national.

______

(1) Le gouvernement de Bordeaux avait demandé que les biens des députés bonapartistes, ayant voté la déclaration de guerre, fussent saisis pour en payer les dépenses ; Thiers, le bon patriote, fit repousser cette proposition si attentatoire à la propriété des patriotes bonapartistes.

Cependant le même Thiers fit saisir la petite fortune du peintre Courbet, qui, en qualité de membre de la Commune, avait voté le déboulonnement de la Colonne Vendôme.

L'importation des produits agricoles et industriels de ces pays a infligé des pertes aux fabricants et aux propriétaires fonciers qui, alors, ont réclamé des tarifs protecteurs pour majorer le prix des produits qu'ils vendent à leurs compatriotes bien aimés : au nom du patriotisme le plus pur et le plus sacré, ils veulent que les Français ne mangent que du blé et de la viande de France et qu'ils ne s'habillent que des étoffes ouvrées en France, dussent-ils les payer 10 et 20 pour cent plus cher qu'ils ne les vendent aux étrangers. Cependant ce sont eux et leurs confrères en capitalisme qui, en exportant les capitaux de France, ont développé l'industrie et l'agriculture des nations rivales.

Ils ont fait pis encore. Alors qu'au sujet de la Tunisie, la guerre était sur le point d'éclater entre la France et l'Italie, les patriotes du capital souscrivirent les emprunts du gouvernement italien et lui expédièrent des centaines de millions pour équilibrer son budget et compléter son outillage militaire : de sorte que, si la guerre avait été déclarée, les obus qui auraient défoncé les poitrines des soldats français auraient été forgés avec l'argent français !

Trahir et dévaliser la patrie, voilà tout le patriotisme de la bourgeoisie.

III

Les patriotes sont les ennemis des ouvriers et les alliés des ennemis de la France

J'ai déposé, lorsque j'étais député, un projet de loi sur les femmes ouvrières, qui, dans l'intérêt de l'enfant et de la mère, demandait que celle-ci reçût une indemnité de l'Etat pour que deux mois avant et après l'accouchement, elle pût vivre sans aller à l'atelier. Je disais que la femme qui met au monde un être nouveau remplissait

la fonction la plus sacrée, en même temps que la plus
utile à la nation et à l'humanité.

Au mot indemnité, le grand patriote Rouvier, alors
ministre des finances, se dressa hargneux comme un
chien dont on menace l'os qu'il ronge; il bondit à la tri-
bune et aux applaudissements de tous les patriotes de
la Chambre, il déclara qu'on ne pouvait, avec de pareil·
les lois, gaspiller l'argent de l'Etat.

— Les voilà, les patriotes, répliquai-je. Quand on
demande quelques millions pour donner des secours aux
femmes et aux enfants de France, ils jurent sur leurs
gra· ls dieux que ce serait gaspiller sans profit l'argent
des caisses du Trésor, que remplissent les travailleurs;
et cependant, messieurs les députés, vous votez tous ·
ans un milliard pour payer la rente des parasites de la
dette publique et les millions par dizaines et par centaines pour indemniser de leurs pertes les propriétaires
et les gros industriels et pour subventionner leurs entre-
prises de chemin de fer et autres.

Les patriotes bourgeois ne se contentent pas d'avoir
pour les ouvriers une sympathie de parade, qui s'arrête
à la bourse; ils nourrissent contre eux un mépris et une
haine qui se traduisent par des actes d'une sauvage féro-
cité. On les compte par centaines dans l'histoire du patriotisme de la Bourgeoisie. Voici une des plus carac-
téristiques :

Les Prussiens, en 1870-71, se conformant aux lois
de la guerre, arrêtaient la tuerie, quand les soldats français se rendaient : ils les faisaient prisonniers et sans
les maltraiter les transportaient en Allemagne; la paix
conclue, ils les rendirent.

Les patriotes bourgeois, après la défaite de la Commune, n'ont observé aucune des lois de la guerre contre
les ouvriers et les socialistes, qui cependant étaient des
Français, des patriotes. Pendant les huit jours de la
Semaine sanglante, ils fusillèrent sans relâche et sans

merci les hommes, les femmes et les enfants; ils les arrêtaient pêle-mêle, ils fouillaient les maisons où ils croyaient que les vaincus s'étaient réfugiés et, pour aller plus vite, ils les entassaient dans les cours des casernes et les mitraillaient.

Les épouvantables journées de juin 1848 étaient dépassées.

Quand Thiers, le *Père de la Patrie*, jugea que la Bourgeoisie patriotique s'était assez saoûlée de sang français, il arrêta le massacre. On forma avec les hommes, les femmes et les enfants qu'on n'avait pas eu le temps de tuer, de longues colonnes, que l'on envoyait à pied à Versailles. Les bourgeois patriotes, mâles et femelles, faisaient la haie pour voir défiler à leur arrivée ces troupeaux de malheureux Français, hâves, épuisés, mourant de soif et de faim; et pour assouvir leur rage, ils les insultaient, leur crachaient au visage et les frappaient. Galliffet arrêtaient les colonnes en marche, faisait sortir des rangs ceux dont la figure lui déplaisait et les fusillait. Ces infortunés Français, entassés dans d'étroits et immondes cachots, passaient devant des Conseils de guerre qui les envoyaient au bagne ou au poteau d'exécution. Des années après la défaite, la Bourgeoisie patriotique fusillait à Satory des Français, des vaincus de la Commune.

Déroulède, le pape du patriotisme, a ramassé sa croix de la Légion d'honneur dans le sang français des combattants de la Commune. Massacrer des Français était alors un titre de gloire, l'action la plus méritoire que pouvait commettre un patriote. Jamais dans aucune guerre on n'avait traité si férocement les vaincus.

Bismarck devint l'allié des patriotes français : sur son ordre, les troupes allemandes arrêtaient les vaincus qui essayaient de s'échapper en traversant leurs lignes d'occupation et les livraient aux patriotes de Versailles. Le *Temps,* qui a la cynique impudeur du vrai patriote,

a rapporté, comme fait incontestable et des plus natu-
rels, que Bismarck avait prêté son concours à Mac-
Mahon et à Thiers pour écraser le Paris de la Commune. (Voir le *Temps* du 19 mai 1890, page 2, colonne 4).

La sanglante répression que les patriotes exercèrent
avec l'aide de Bismarck contre les Français de la
Commune de 1871, ainsi que celles des journées de juin
1848, révèlent dans toute son horreur la haine qu'ils
ont contre les ouvriers, qui pour eux sont des êtres
inférieurs et grossiers, n'existant que pour créer des
richesses et qu'avec une main de fer on doit contenir
dans une humble soumission.

Les fabricants des centres industriels, qui sont tous
d'ardents patriotes, ne cachent pas leur mépris pour les
travailleurs qu'ils exploitent : ils les appellent *mes* ouvriers, comme un fermier dit *mes* chevaux, *mes* cochons ;
ils les tutoyent, ce qu'ils ne se permettent pas avec leurs
laquais.

Ils leur défendent de murmurer contre le joug despo-
tique qui leur enlève toute liberté et toute joie. Toute
plainte, toute demande d'amélioration des conditions de
travail, si elle se produit individuellement, ils la punis-
sent par l'expulsion de l'atelier, par la privation du
pain quotidien.

Quand elle est collective et qu'elle détermine une
grève, alors la haine, qui couve dans le cœur du capi-
taliste industriel, éclate féroce, il réclame des troupes
pour renouveler sur un petit pied les gigantesques mas-
sacres de Mai 1871 et de Juin 1848. Le gouvernement,
qu'il soit républicain, monarchiste ou bonapartiste, étant
aux ordres de la classe patronale, s'empresse d'obéir :
quand les troupes arrivent, le patron laisse les soldats
bivouaquer dans les rues sous la pluie et la neige, mais
il reçoit et loge dans son château les officiers; il les
gorge de vin et de viandes; il les grise de calomnies et

d'injures contre les misérables qui osent demander une
petite augmentation de salaires ; et par reconnaissance
de l'estomac ceux-ci lancent les soldats contre les grévistes ; ils les foulent aux pieds des chevaux, les sabrent
les fusillent.

Quand la troupe tarde à venir, le patron, sûr de l'ir-
punité, tue lui-même les ouvriers et les fait assassiner
par ses jaunes.

Lorsqu'il y a eu massacre de grévistes, les bourgeois
patriotes sont contents et leurs journaux font l'éloge
du gouvernement, qui n'a pas prêté l'oreille aux protes-
tations des socialistes, mais qui a dompté les ouvriers,
qui a fait respecter la liberté du travail en déshonorant
l'armée.

En effet, y a-t-il crime plus lâche, plus déshonorant
que de faire massacrer des ouvriers sans armes et sans
défense par des soldats ayant en mains les armes 1
plus meurtrières ? Il se peut que dans cette foule su
laquelle on lui ordonne de tirer, le soldat aperçoive s
camarades d'atelier et ses parents ; comme ce fut le c
à Fourmies, où un soldat n'obéit pas au commandeme
de faire feu parce qu'il voyait sa mère dans la foule.

La loi défend au gendarme et au sergent de ville
d'user de ses armes contre les criminels, si ce n'est dans
le cas de légitime défense. L'officier qui ordonne de
tirer sur des ouvriers sans armes et sans défense, se
place au-dessus de la loi, et traite les grévistes pire que
des assassins.

L'armée française est mise au service non seulement
des patrons français pour ramener à coups de sabre et de
fusil les grévistes à l'atelier, mais encore au service de
tout patron, de n'importe quelle nationalité. Haviland, l
patron de Limoges, planta sur sa fabrique de porcelaines
le drapeau des Etats-Unis, sa patrie ; et il ordonna au
officiers français de charger les ouvriers français qu
osaient faire grève.

Il y a une trentaine d'années, deux Anglais, les frères Holden, ne pouvant exploiter comme ils le désiraient les femmes anglaises, à qui la loi interdisait le travail de nuit, vinrent établir à Reims des peignages où ils exploitèrent, jour et nuit, les femmes françaises, qu'aucune loi ne protégeait. Cette exploitation leur rapporta une si brillante fortune qu'ils allèrent dans le Nord élever des peignages et des filatures et que les ministres patriotes de la République les décorèrent et s'empressèrent, en toute occasion, de mettre les officiers français à leur service contre leurs ouvriers et ouvrières en grève. Les patriotes anglais et allemands rendent la pareille aux industriels français établis dans leurs pays.

Les capitalistes patriotes, à quelque nation qu'ils appartiennent, font cause commune pour exploiter les ouvriers et les massacrer quand ils veulent augmenter les salaires.

A la Cour d'Assises

Nous extrayons de la déposition de notre camarade Lafargue, au procès de l'affiche antimilitariste, les nettes affirmations que voici :

WILLM. — Que pensez-vous de l'avis donné aux conscrits de retourner leurs armes contre l'officier qui leur ordonnerait de tirer sur des grévistes ?

LAFARGUE. — Je trouve le conseil très sage...

LE PRÉSIDENT DU TRIBUNAL. — Comment, très sage !

LAFARGUE. — Monsieur le Président, nous pouvons différer d'opinion : mais mon opinion est motivée par ce que j'ai appris et vu dans ma longue carrière de militant. Ce conseil a pour but de prévenir des crimes. L'officier qui fait tirer sur des ouvriers sans armes et sans défense commet un crime contre la Patrie. Puisque vous m'avez interrompu, je vais émettre une opinion que, sûrement, vous approuverez.

LE PRÉSIDENT. — Adressez-vous aux jurés.

LAFARGUE. — La loi défend aux gendarmes et aux agents de police de se servir de leurs armes contre les criminels, si ce n'est dans le cas de légitime défense. L'officier qui commande le feu sur une foule sans armes et sans défense, se met au-dessus de la loi ; il traite les ouvriers pire que des assassins. Ce crime a été commis à Fourmies par le capitaine Chapuis. La troupe, protégée par une balustrade de pierre, était sur l'esplanade de l'église qui dominait de trois mètres la route par où débouchait la foule joyeuse, portant des mais fleuris. Le capitaine ordonna d'ouvrir le feu. Il devait être ivre, car les patrons, quand ils font venir la force armée, gorgent de vin et de viande les officiers. Les soldats, par bonheur, tirèrent en l'air, autrement c'est par centaines qu'on aurait compté les morts et les blessés. Après le massacre, le capitaine fit l'inspection des armes ; il trouva qu'un soldat n'avait pas tiré. — Pourquoi n'avez-vous pas fait feu au commandement ? — Parce que je voyais ma mère dans la foule.

L Emancipatrice (Imp. Communiste),
3, rue de Pondichéry, Paris. — 6595 3-13.

* 9 7 8 2 0 1 2 7 8 6 2 7 1 *